PEINTURE PAYSANNE
pour tous

Texte et créations de Senta Ramos
Traduction de Monique Gauriat
Photos de Dagmar Grauel
Illustrations de Wiegeist

EDITIONS
FLEURUS

ÉDITIONS FLEURUS, 11, rue Duguay-Trouin 75006 PARIS

L'histoire de la peinture paysanne est relativement récente puisque ses débuts datent d'il y a 2 siècles exactement.

Au milieu du 17ème siècle, la « mode des meubles » se modifie chez les nobles résidant à la campagne et aussi chez les bourgeois citadins. Coffres, tables et armoires ne doivent plus être plats ni issus de bois massif (chêne, pin, épicéa). C'est alors qu'on ennoblit le meuble avec des feuilles de placage prélevées sur des bois d'arbres fruitiers. Ces bois, qu'on ne trouvait pas toujours sur place et qui parfois venaient d'au-delà des mers, étaient très onéreux. C'est pourquoi le menuisier campagnard ne pouvait que partiellement satisfaire les désirs de la clientèle lorsque celle-ci souhaitait des meubles avec feuilles de placage. Il ne lui restait qu'une possibilité : peindre « richement » les bois massifs.

On peignait dans le style de l'époque. Particulièrement dans les pays de langue allemande, le baroque et le rococo ne demeurèrent pas seulement dans les maisons princières et bourgeoises mais furent connus des villageois. Les acheteurs commandaient aux menuisiers les dessins qui transposaient la beauté des meubles coûteux. Ce travail était exécuté avec des moyens tout simples.

Avant tout, on choisissait la reproduction d'objets de l'univers quotidien. Les motifs les plus courants représentent des fleurs :roses, œillets, tulipes ou lilas. Selon le souhait de l'acheteur, on réalisait aussi sur le bois des portraits, des scènes rurales, des noces paysannes ou des paysages. Les armoires et les coffres étaient décorés d'épigraphes, de proverbes et même de déclarations d'amour. A ces représentations de la vie quotidienne s'ajoutaient aussi des images de fiction, des motifs symboliques ou des emblèmes. Très souvent, on trouvait par exemple la rosace (symbole du soleil), le cœur (symbole de l'amour) ou l'étoile (symbole de la grandeur).

L'apparition de l'industrie au 19ème siècle va supplanter l'histoire de la peinture paysanne. Les meubles ne sont plus fabriqués manuellement mais par des machines. On n'accorde plus aucun intérêt à la note personnelle. Les meubles se répartissent en styles et catégories. Toute l'attention, la minutie accordée au travail manuel laissent place aux commandes de meubles fabriqués en série.

C'est seulement maintenant que l'on assiste à une renaissance de la peinture paysanne. A notre époque de l'anonymat, de la fabrication industrielle, il y a un renouveau d'intérêt pour l'originalité, le « fait à la main », qui se concrétise par des réalisations décoratives. Cet intérêt provoque le désir de retrouver la tradition des meubles ruraux décorés à la main.

L'auteur, Senta Ramos, au travail. On trouvera page 56 la photo de cette porte terminée, et page 57 le tracé du motif.

Madame Ramos est en train d'exécuter une feuille « en virgule », comme cela est expliqué page 27.

Un siècle s'est écoulé depuis les dernières fabrications de meubles paysans, articles qui, de nos jours, ont acquis une telle valeur chez les antiquaires qu'ils deviennent inaccessibles pour beaucoup. Il ne reste donc plus qu'à renouer avec la tradition et à travailler par soi-même.

Ce livre est donc bien d'actualité. Laissez-vous fasciner par les charmantes couleurs, la simplicité de la création des fleurs, et par les variétés des formes et des coloris. Prenez un pinceau ! La peinture paysanne est accessible à tous, elle n'exige aucun talent particulier, car il ne s'agit évidemment pas d'entrer en concurrence avec les rares pièces de valeur. Avec un peu de patience et beaucoup de plaisir, vous obtiendrez des résultats fort satisfaisants.

N'hésitez pas ! Mettez-vous dans la peau d'un peintre paysan de jadis. A l'aide de ce livre, de documents et éventuellement de visites dans les musées, vous aurez des idées sur le style rural, sur l'art naïf et primitif. « C'est en peignant que l'on devient peintre », donc progressivement vous acquerrez une réelle maîtrise qui vous permettra de réaliser toutes sortes de motifs. Et dès votre première réalisation, vous découvrirez un loisir agréable et constructif.

matériel et installation

que peut-on peindre?

Les réalisations et les fantaisies en peinture paysanne ne sont absolument pas limitées : tout ce qui est en bois peut être décoré. Celui qui s'exerce à cet art trouve constamment des sujets de peinture. Toutefois, on doit, lors du choix, bien veiller à ce que le meuble (ou l'objet) que l'on désire décorer soit bien plat. Cela n'exclut évidemment pas meubles ou objets présentant des moulures ou même des petites parties sculptées, mais la principale surface à décorer doit être plate.

Les petits objets se prêtent tout autant à la peinture que les gros meubles, portes, poutres, etc. De préférence même, le débutant doit commencer par des objets de petit format sur lesquels il essaie divers motifs et affine peu à peu sa technique.

Il dispose de toutes sortes d'objets. Par exemple, grâce aux pinceaux et aux couleurs, il peut tout simplement redonner vie aux objets relégués dans le grenier ou le débarras. Coffrets à bijoux de grand-mère, vieux sabots, bougeoirs, étagères, plateaux à déjeuner, porte-livres et encore bien d'autres petits objets que chacun possède ou que l'on trouve aux « puces » sont des objets idéaux pour s'exercer à pratiquer la peinture paysanne.

Repeints et décorés, ces objets ne sont pas seulement décoratifs mais retrouvent une fonction utile. Tout particulièrement, ils peuvent devenir de charmants cadeaux. Du reste vous trouverez des idées de cadeaux tout au long de ce livre.

Après s'être ainsi exercé et lorsque les progrès sont réels, le débutant peut s'attaquer à des objets plus importants. Qui ne possède quelque part une vieille armoire, un coffre ancien, des lits, des commodes et bien d'autres meubles exclus de l'appartement car démodés ou inutilisables ? Dans ce domaine, l'artiste trouve son plaisir. Toute une pièce peut être réalisée en décors paysans. Des exemples vous seront proposés dans le chapitre « Ameublement complet dans le style paysan ».

Naturellement, peindre des objets usagés n'est nullement une obligation. Les magasins, et particulièrement les boutiques spécialisées en vente de fournitures de travaux manuels, les supermarchés, les drugstores, etc. offrent un grand choix de petits objets à décorer.

Les meubles en bois brut se trouvent aussi dans des boutiques spécialisées, ou tout simplement dans des magasins de meubles. Vous achèterez les objets soit en bois brut soit préalablement préparés pour être peints. Le bois brut est davantage conseillé au débutant car il nécessite moins de préparation.

LE BOIS BRUT

Avant toute chose, il faut enlever la poussière qui se trouve sur le meuble et bien le nettoyer. Il ne faut pas oublier que le bois frais retient les taches de graisse, telle l'empreinte des doigts. C'est pourquoi on trouve facilement de la poussière. Il serait vraiment regrettable que, par une négligence de nettoyage, votre travail laisse percevoir la saleté.

Il est recommandé d'utiliser une peau de chamois ou un chiffon humide en simili peau. Si le bois est très encrassé, utiliser de l'alcool, un savon spécial, ou tout autre produit acheté en droguerie.

Encore un point important : le bois frais, mou, absorbe rapidement l'eau. En conséquence, après séchage de la couleur, la surface se durcit, devient rugueuse, et il y a risque que la peinture s'écaille.

Voici un petit truc qui permet de pallier cet inconvénient : avant de peindre, il faut nettoyer l'objet à l'aide d'un chiffon humide ou d'une éponge ; la fibre absorbe alors l'eau, se solidifie et sèche. Ensuite le bois doit sécher au moins pendant une journée.

Il est également nécessaire de bien polir la surface de l'objet avec du papier de verre moyen ou fin (à choisir selon le grain du bois).

Poncer toujours dans le sens du fil du bois. Si celui-ci n'est pas très apparent, le détecter à l'aide d'un doigt.

De temps en temps, au cours du ponçage, procéder à un nettoyage succinct et à la fin utiliser une brosse fine.

Les petites inégalités provoquées, par exemple, par la manipulation de l'objet disparaîtront avec de l'eau chaude. En fin de compte, comme indiqué ci-dessus, c'est lorsque le séchage est complètement terminé que l'objet se satine.

LE VIEUX BOIS

Nous entendons par là un objet (ou un meuble) qui aurait déjà été peint ou verni.

Dans ce cas, on doit d'abord faire disparaître les anciennes couleurs qui le recouvrent, c'est-à-dire le décaper.

Le moyen le plus facile consiste à acheter du décapant chez un droguiste. Attention, bien se conformer au mode d'emploi indiqué par le fabricant. En général le produit s'étend à l'aide d'un pinceau ou d'un chiffon. En peu de temps, toute l'ancienne peinture se décolle. Pour faciliter le travail, se servir délicatement d'une spatule pour éliminer les dernières saletés. Surtout, bien veiller à ne pas détériorer la surface de l'objet ; nettoyer celle-ci à l'eau.

Un petit truc : il arrive que l'ancienne peinture soit tenace et que vous n'arriviez absolument pas à l'éliminer. Dans ce cas, le meuble conserve « son ancien cachet » et l'on utilisera ce « fond » au mieux pour une nouvelle peinture.

La laque disparaîtra grâce à une solution ammoniaquée que l'on peut composer ainsi : une cuillerée à café d'ammoniac dans un litre d'eau. Après application de cette solution, il faut poncer au papier de verre. Pour ce travail, il est recommandé de porter des gants et de vieux vêtements car les produits sont corrosifs.

Principalement pour les vieux meubles, il arrive fréquemment que la surface du bois soit endommagée : trous, éraflures, stries, etc. En ce cas il faut procéder au rebouchage, c'est-à-dire combler tous ces creux à l'aide de l'enduit que l'on trouve dans le commerce.

L'appliquer à l'aide d'une spatule. Après séchage, passer du papier de verre sur toute la surface.

Les nœuds de bois et autres imperfections doivent, dans la mesure du possible, laisser place au bois d'origine.

Si le dommage est trop important pour être comblé par l'enduit, couper un copeau ou un morceau du même bois et le coller à l'endroit défectueux.

Il est bon aussi de contrôler qu'il n'y ait aucun ver dans le bois. Pour les éliminer, on trouve les produits nécessaires dans les drogueries.

Par ailleurs, les meubles anciens se caractérisent par leurs sculptures, leur décoration et leurs lignes. Les meubles paysans, dans l'ensemble, sont de forme simple et dépourvus de motifs chantournés. Afin de respecter autant que faire se peut le style du meuble ancien, il convient de le débarrasser de tout ornement superflu.

A l'aide d'un ciseau et d'une râpe à bois, retirer délicatement les ornements tels que les moulures et les boules sculptées surajoutées.

Veiller à ne pas endommager le bois. Polir les surfaces ainsi dénudées avec une lime à bois ou du papier de verre.

Toutefois, certains ornements s'harmonisent si bien avec le meuble ancien qu'il serait dommage de les retirer : on pourra même en tirer parti pour faire valoir le meuble dans toute sa plénitude.

Cette photo présente le détail du motif décoratif du panneau inférieur de l'armoire d'angle donnée page 59.

Ci-contre, le dessin de ce motif.

15

le matériel nécessaire

Pour travailler le bois brut ou ancien, il faut, comme nous l'avons vu précédemment, des chiffons doux, des peaux de chamois (ou simili), une éponge, du papier de verre, du matériel pour décaper, de l'alcool, une spatule, des ciseaux, un marteau, une râpe, une lime, des pinceaux, une brosse métallique, de la colle à bois, de l'enduit pour bois.

POUR PEINDRE

Le résultat dépend principalement d'un bon pinceau. Lors de son achat, tenez compte de sa qualité et n'hésitez pas à mettre le prix qu'il faut (un bon pinceau coûte relativement cher).

En principe, pour la peinture paysanne, on utilise un pinceau fin. Mais pour l'apprêt, il faut un gros pinceau, par exemple une brosse plate de 3 à 6 cm de largeur (la dimension dépendra de l'importance du support à peindre).

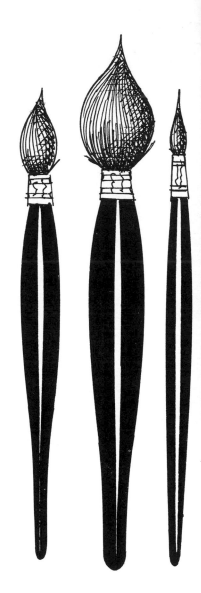

Pour la peinture des motifs prendre 2 ou 3 pinceaux dans les tailles données sur le croquis ci-contre. Les choisir de préférence en martre, en veau ou en nylon spécial pour artistes.

Les pinceaux fins doivent être traités délicatement afin de conserver leur forme pointue qui permet toutes les finesses. Les pinceaux traités sans ménagement et qui restent longtemps dans le récipient d'eau se détériorent et les poils se détachent. La pointe devient inutilisable. Cela se voit tout de suite, lorsque les pointes des poils ne se rejoignent pas quand vous sortez le pinceau du verre d'eau et que vous le laissez sécher. Pour une longue et bonne utilisation du pinceau, après usage de celui-ci, il faut le nettoyer avec du savon. Chaque pinceau doit sécher séparément dans un torchon roulé dans le sens du pinceau afin que la pointe conserve sa forme pointue. Le pinceau doit être placé dans le récipient, la houppe toujours en haut.

LES PALETTES POUR LE MELANGE

Pour le mélange des couleurs, certains fabricants proposent des palettes fort pratiques. A défaut, il suffit simplement de disposer de quelques petits pots ou godets pour faire les mélanges.

TRANSPOSITION DES MOTIFS

Pour transposer les motifs, utiliser du bon papier-calque, des crayons secs ou gras ou du fusain.

L'APPUIE-MAIN

C'est un moyen pratique pour s'aider, qu'il est bon d'utiliser principalement lors de la réalisation de grands travaux.

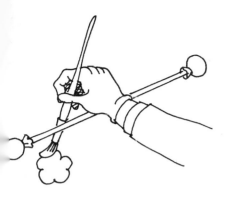

Il s'agit d'un bâtonnet en bois rond de 10 à 12 cm de diamètre et de 60 cm de long environ. L'une des extrémités est entourée de coton et recouverte d'un petit morceau de tissu de coton bien ficelé.

On l'utilise comme cela est indiqué sur le croquis ci-contre.

Grâce à lui, lors de la pose de la peinture, le poignet est bien soutenu, et la couleur encore toute fraîche n'est pas effacée par la main qui peint.

Pour un travail à plat réalisé sur la table, on peut établir un « pont » qui soutiendra la main. Le faire, par exemple, avec 2 gros livres et une règle ou une planchette de bois non flexible.

A prévoir également toujours à disposition :une petite planche de bois pour tester les couleurs, des récipients (plusieurs si possible) remplis d'eau propre ainsi qu'un chiffon de coton.

les couleurs

Les peintres paysans des 18ème et 19ème siècles utilisaient pour leurs travaux des couleurs élaborées par eux-mêmes. Toutes les matières premières utiles à cette création se trouvaient dans l'environnement immédiat : sève, sang de bœuf, écorces de noisettes, pour ne citer que quelques exemples. Un certain sous-produit fromager fut longtemps utilisé comme liant.

Dans le dernier tiers du 18ème siècle, on utilisa des couleurs à l'huile, des couleurs opaques, des crayons de couleur à la cire ainsi que de la craie.

Les objets présentés dans ce livre sont tous réalisés avec des peintures modernes. Les fabricants proposent actuellement de très bonnes peintures qui conviennent fort bien à ce travail.

Ces peintures sont de composition diverse. Toutefois nous conseillons - particulièrement aux débutants - d'utiliser des peintures qui se diluent à l'eau (1).

(1) Par exemple **Hobby-Couleurs** ou **Flash** de LEFRANC-BOURGEOIS et **Pelikan Plaka** qui, bien que chimiquement différentes, ont toutes 3 cette propriété.

Ces peintures sont présentées sous différents conditionnements et se trouvent couramment dans les maisons d'artisanat-loisirs ou les magasins de fournitures pour artistes.

Elles existent en une gamme importante de coloris. Pour débuter il n'est pas nécessaire d'acheter toutes les couleurs. On peut commencer par un jaune citron, 2 bleus (turquoise et outremer), 2 rouges (carmin et vermillon), plus noir et blanc. Eventuellement on complètera par un ocre jaune, un vert moyen et un brun.

La palette proposée par ces quelques couleurs ne correspond pas toujours à la teinte désirée. Souvent des tons intermédiaires sont nécessaires. Dans ce cas, l'élaboration personnelle des couleurs s'avère nécessaire. Pour cela, préparez une « Horloge imaginaire ». Commencez par les 3 couleurs de base (dites aussi « primaires ») : jaune, rouge et bleu, qui seront posées sur les chiffres 12, 4 et 8. Ensuite, prendre les couleurs complémentaires (1), soit orange, violet et vert, et les poser sur 2, 6 et 10. On peut continuer ce système à condition de mélanger les couleurs s'avoisinant.

Si l'on veut des teintes intermédiaires, il faut utiliser des tons s'apparentant.

Les contrastes les plus forts donnent les tons qui s'opposent le plus par exemple : rouge et vert.

Si vous faites des mélanges il est important d'essayer les couleurs sur une planche afin que, dès le départ, vous ayez une juste notion du coloris futur.

LA BASE

Quel que soit l'objet à travailler et que l'on utilise du bois brut ou du vieux bois, il faudra généralement commencer par recouvrir tout l'objet d'une teinte de base (ou d'un fond) de couleur unie.

Rechercher la teinte désirée en mélangeant des couleurs. Préparer la couleur dans un grand pot pour en avoir suffisamment.

Pour peindre ce fond, prendre un gros pinceau en soie molle. Veiller aussi à utiliser le pinceau dans le sens du fil du bois. Ainsi vous éviterez que la couleur ne fasse des rayures.

Les couleurs actuelles présentent l'avantage de couler aisément et doucement et donnent des traits réguliers. Ceci est tout particulièrement important pour les coins et les bordures. Si le pinceau contient trop de couleur, celle-ci se localise sur les bords et constitue « une bordure supplémentaire » qui doit être reprise immédiatement.

Si la première couche semble irrégulière, en faire une seconde. Bien contrôler le séchage avant d'entreprendre la peinture des motifs.

(1) Ces couleurs sont obtenues par le mélange des couleurs primaires voisines :
    jaune + bleu   = vert
    bleu   + rouge = violet
    rouge + jaune = orange

Ci-contre, un bon exemple d'installation de travail.

une bonne installation de travail

L'emplacement où se réalise le travail exerce aussi une influence sur le résultat pictural. Il n'est pas toujours possible de réunir toutes les conditions nécessaires pour un résultat optimum. Néanmoins il est important de tenir compte des points indiqués ci-dessous :

1. Travailler toujours à la lumière du jour, car la lumière artificielle fausse les couleurs.

2. Placer la table de travail le plus près possible de la fenêtre mais en évitant toutefois les rayons directs du soleil. Plus il y a de clarté, plus le travail sera précis.

3. La pièce de travail doit conserver la même température. Nous vous conseillons une température d'environ 20°. Si l'on peint par grande chaleur, à proximité d'un radiateur ou sous la réverbération du soleil, le processus de séchage risque d'être trop accéléré et d'entraîner alors des résultats peu satisfaisants.

4. Enlever scrupuleusement la poussière des meubles avoisinants afin d'éviter que pendant le séchage la poussière ne se dépose et s'incruste sur la peinture.

5. La table de travail doit être assez vaste pour qu'on puisse y poser les couleurs, les récipients d'eau, les palettes de mélange (ou godets, ou pots), les chiffons et autres ustensiles.

Pour ne pas la salir, la recouvrir d'un tissu lavable de teinte unie.

6. Il est préférable de s'asseoir pour peindre. Pour les gros objets, comme les armoires, la surface à peindre doit être au niveau des yeux. Il est donc conseillé d'utiliser une chaise pivotante.

7. En conclusion, encore un conseil important : il est bon que les objets plats (telles planches ou assiettes) reposent sur un socle pour sécher après le passage d'une couche de base.

Vieux coffre qui, grâce à la peinture paysanne, a repris une réelle valeur.

Il est décoré sur le dessus du couvercle et sur le devant (le dessin d'un des motifs jumeaux du devant est donné page 25).

Une fine guirlande de feuilles et fleurettes souligne la base du couvercle.

Un motif simplifié orne chaque côté des pieds.

la technique

les motifs typiques
de la peinture paysanne

LES FLEURS

Les motifs les plus couramment utilisés pour la peinture paysanne sont issus de l'environnement immédiat, et le plus souvent proviennent de la nature.

La reine des fleurs, la rose, joue ici un rôle tout particulier, à tel point qu'elle est devenue tout bonnement un symbole de cette peinture. Sa représentation se fait tantôt de façon naturaliste, tantôt sous une forme symbolique, parfois même sous forme géométrique (dans ce cas, on procède par cercles).

Après la rose, la tulipe prend la deuxième place. Elle est souvent représentée en bordure. Cette fleur, comme beaucoup d'autres, peut revêtir une forme géométrique. On la trouve aussi sous forme abstraite.

Il faut noter également le chrysanthème, la pivoine (dite aussi « rose paysanne ») et l'œillet.

Ci-contre quelques principes pour l'exécution d'une rose, d'une tulipe et d'un œillet.

Pour chaque fleur (comme pour la marguerite présentée page 24) sont données une forme simplifiée, une forme plus élaborée s'approchant de la nature, et une forme enrichie et plus décorative.

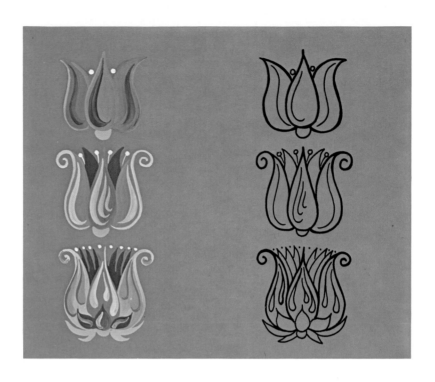

Dans une composition groupant des fleurs de différents types, il faut veiller à ce que celles-ci soient du même style : une rose simple va avec une tulipe simple, une rose très décorée va avec un œillet recherché.

Les composacées occupent une grande place dans la peinture paysanne, la marguerite en particulier. Sa forme simple, son aspect décoratif font merveille. De plus, cette fleur est particulièrement facile à dessiner. Qui d'entre nous n'a pas, `étant enfant, esquissé pour la Fête des Mères une marguerite à l'aide d'un cercle et de rayons à son pourtour ?

Il en va de même pour la campanule et le muguet.

Ces petites fleurs s'associent agréablement aux grandes, par exemple avec les roses, tulipes, œillets et marguerites.

Disposer les motifs floraux en mariant leurs couleurs et leurs formes. C'est ainsi que des roses, dessinées à main levée, ne peuvent être juxtaposées au dessin géométrique d'une tulipe. Adopter un seul style, qu'il soit symbolique ou botanique, et le maintenir tout au long du travail.

Remplir par du feuillage les intervalles entres les fleurs. Eviter de laisser des solutions de continuité qui nuiraient à l'ensemble du travail. Le feuillage doit soit enlacer les fleurs, soit diriger l'attention vers le motif principal. Les feuilles qui s'écartent à angle droit de ce dernier détournent l'attention. On pourra animer ces feuillages d'un jeu discret d'ombre et de lumière (voir photo page 28).

Pour finir, choisir un motif d'encadrement, qui s'adapte par la couleur et la forme au motif principal. Il doit mettre en valeur ce dernier et ne jamais passer à l'avant-plan.

Motif du coffre présenté page 20.

LES MOTIFS FLORAUX

L'illustration ci-dessous montre comment on peut, de façon fort simple, ébaucher la forme des principales fleurs à partir du cercle ou de l'ovale.

Pour la rose, dessiner 2 cercles de dimension différente se touchant par le haut. Puis tracer des axes équidistants se croisant au centre. Schématiser les pétales. Une fois les cercles et les axes effacés, la silhouette de la rose apparaîtra. Se servir à présent du pinceau.

Peindre la silhouette de la fleur et les pétales en rouge. Puis retoucher les pétales pendant que la peinture est encore humide, à l'aide d'une ou de 2 couleurs (par exemple rouge foncé et blanc) de façon que toute leur surface soit pleine. Ainsi, la rose aura l'éclairage voulu, car les ombres et les touches de lumière lui conféreront un aspect naturel.

Procéder de même pour les tulipes, les œillets et les marguerites.

Toutes les fleurs peuvent être obtenues à partir de formes géométriques.

FEUILLES ET TIGES

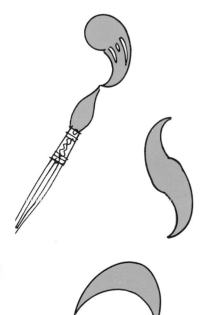

Les feuilles, les vrilles et les tiges complètent toujours le dessin des fleurs. L'essentiel est bien plus la valeur décorative du tracé que la ressemblance trop poussée.

Suivant l'inspiration du moment et la disposition des fleurs, combler les espaces vides avec un feuillage de fantaisie issu de l'ovale. Le dessin des feuilles et des tiges devra être enlevé. Leur disposition ne sera jamais horizontale ou à angle droit ; se servir des contours de l'ovale pour esquisser les feuilles. S'y exercer au préalable sur une grande feuille de papier.

Avec un pinceau humide trempé à moitié dans la couleur, appliquer en tenant le pinceau verticalement une grosse goutte sur le papier. Puis tirer le pinceau vers soi et le soulever légèrement pour obtenir une élégante « virgule » (voir croquis ci-contre), que l'on transformera ensuite en demi-cercle ou en « S ». Après plusieurs essais, le coup de main voulu sera acquis.

Les tiges, comme les feuilles, ont donc un rôle secondaire mais qui a néanmoins son importance. Leur intérêt principal consiste dans le fait

qu'elles séparent les taches de couleurs constituées par les fleurs, tout en maintenant une certaine cohérence entre elles.

A noter que l'on trouve assez souvent plusieurs fleurs sur une même tige, ou à l'inverse plusieurs tiges sont disposées en treillis ou en bouquet.

LES RECIPIENTS

A chaque gros bouquet de fleurs correspond un récipient. Dans la peinture paysanne, il est courant de trouver des vases, des coupes, des cruches et des corbeilles dans des formes et des tailles variées.

Prenez soin de trouver le récipient correspondant à votre bouquet : le motif et le récipient doivent se compléter aussi bien dans le style que dans les couleurs.

Ci-dessus quelques exemples de différents types de feuillages.

Ci-dessous, des modèles de récipients habituellement utilisés en peinture paysanne.

Dans un motif, les fleurs figurent au premier plan tandis que les feuilles et les tiges jouent un rôle secondaire : elles complètent l'ensemble floral et harmonisent les fleurs entre elles.

Pour un motif de fleurs en filigrane il faut avoir, par exemple, un vase finement décoré dans le style rococo ou Empire. Pour une rose simple, on choisira par contre une corbeille rustique. L'essentiel est que la couleur des récipients ne concurrence jamais le motif principal qui, lui, est toujours au centre.

Pour le choix des teintes, il faut prendre principalement le blanc, le gris, le noir et les différents tons de marron, du clair au foncé. Dans la plupart des cas, le coloris du récipient sera réalisé ton sur ton avec la couleur de base du motif. Un vase bleu foncé correspondra parfaitement avec un fond bleu clair.

LES ANIMAUX, LES PERSONNAGES, LES INITIALES

Dans la peinture paysanne, les motifs de fleurs sont les plus nombreux mais on trouve aussi un nombre considérable de motifs qui reproduisent la vie villageoise.

Avant tout, les artistes de l'époque peignent les oiseaux de leur région. Toutefois, en premier plan on trouve sur les meubles des reproductions très réalistes ou des « oiseaux pleins de fantaisie » mais peu de figures symboliques.

Le cheval, l'animal le plus domestiqué, est très représenté. Certains motifs le montrent seul, et la beauté de la bête est reproduite, elle aussi, de façon réaliste. Dans d'autres motifs, le cheval est l'animal de labour dans les champs.

Bien souvent, l'acquéreur souhaite avoir son portrait sur la peinture. C'est ainsi qu'on peut voir sur certaines d'entre elles le portrait de l'heureux propriétaire du meuble.

De façon plus générale, on a reproduit des scènes de la vie paysanne : paysans aux champs, moisson, cavaliers et chasseurs

Ces deux photos, qui présentent 2 panneaux différents d'un même coffre ancien, montrent d'une part un groupe d'hommes, d'autre part un attelage, 2 sujets réservés aux plus expérimentés.

Sur quelques pièces on trouve également des dates et des initiales, motifs décoratifs beaucoup plus rares qui marquent une pièce ancienne.

avec, à l'arrière-plan, les maisons du village. Ces reproductions ont pour nous une valeur historique ; grâce à elles, les coutumes, les costumes et la vie d'autrefois nous deviennent familiers.

CADRES ET BORDURES DE PANNEAUX

Les motifs employés pour les cadres et les bordures doivent parfaitement s'harmoniser avec le motif principal. Comme pour ce dernier, les possibilités sont multiples. Elles vont du simple trait

Armoire et coffre ont ici des motifs simples et des teintes discrètes, c'est pourquoi les bordures prennent une plus grande importance. Elles sont toutes faites de motifs inspirées de rocailles.

encadrant l'image jusqu'à des motifs compliqués de feuilles, fleurs, vrilles et guirlandes et à des formes géométriques, tels le cercle, le carré ou encore le rectangle.

Les rocailles (voir le motif page 32) occupent une grande place dans la peinture paysanne. Le mot « rocaille » nous vient du style rococo qui a exercé une grande influence sur la peinture paysanne. Les coquillages asymétriques qui, au cours du temps, ont été stylisés en forme de « C » ou de « S », sont une de leurs caractéristiques.

Sur la photo ci-dessous les rocailles en formes de « C » forment un motif en elles-mêmes.

Sur le pot rouge à droite sur la photo de la page 68, ce motif sépare 2 bouquets de fleurs.

Un exemple de bordures simples à harmoniser avec les motifs principaux.

Les motifs du cadre ne font que souligner la valeur du motif principal. Quelquefois il y a avantage à utiliser une forme du motif principal et à la miniaturiser pour en faire une guirlande encadrant la peinture. D'autres fois, il suffira de tracer une forme géométrique ou un pointillé, surtout si la peinture est riche en couleurs et en motifs. La bordure pourra animer un motif sombre ou, au contraire, diminuer son intensité par un tracé géométrique.

Toujours se conformer à cette règle fondamentale : travailler en camaïeu, et utiliser pour la bordure une des tonalités du motif principal.

Ne pas se perdre dans le détail. La peinture paysanne est une peinture haute en couleurs vives et en motifs reflétant la joie de vivre. Pour cette raison toutes les surfaces disponibles devront être utilisées.

Les quelques reproductions de cet ouvrage ne sont données qu'à titre indicatif, les possibilités sont infinies.

Ne pas se fixer d'emblée un motif précis. Il sera ainsi plus facile, une fois familiarisé avec les motifs principaux, de réaliser une composition originale.

Pour commencer, décalquer un modèle simple, le reproduire à main levée, puis se laisser aller à sa fantaisie. En agissant de la sorte, on arrivera rapidement à créer une peinture paysanne.

la première création

Maintenant que vous possédez des connaissances théoriques de base, passez à l'action. Les photos des pages 38 et 39 donnent un aperçu du déroulement du travail.

Choisir d'abord le motif correspondant à l'objet que vous désirez décorer. Choisir aussi les couleurs principales (plus de détails seront donnés dans les chapitres suivants). Le motif pour cette assiette se trouve ci-contre.

Tenir compte de la couleur de base de l'objet est une condition essentielle pour la réussite de la peinture. Donc peindre la base dans une teinte qui fera bien ressortir le motif.

Dessiner le motif sur papier-calque, et le reproduire sur l'objet (voir « transposition des motifs » page 45).

Maintenant, passer à la peinture en ne négligeant ni la clarté ni les nuances (les indications utiles se trouvent au chapitre « la technique à mettre en œuvre », page 47).

Puis recouvrir la surface à peindre d'une patine (voir page 49) qui protège la couleur en lui donnant un aspect ancien.

Ces 3 photos montrent en raccourci quelques étapes du travail.

Ci- dessus, le fond a été passé et le motif proprement reporté.

Les différents motifs sont peints en commençant par les principaux,
puis on complète par les accents sur les fleurs et par les feuillages.
Lorsque le tout est bien sec, on passe une patine qui vieillit quelque
peu l'objet.

l'esquisse

Tracer les motifs choisis à l'échelle qui convient et voir comment on peut les appliquer sur la surface à décorer. Avant de peindre une armoire, par exemple, examiner soigneusement le rôle que pourraient jouer les tiroirs, les serrures, les poignées, les boutons, etc.

Le tracé de ce motif pour grand panneau fait bien ressortir l'importance de l'axe symétrique.

Ici la composition florale est un peu différente des modèles classiques. Les principaux éléments floraux occupent l'axe symétrique et surtout sa base, et forment couronne autour du motif. Tout le reste est un remplissage harmonieux d'éléments secondaires.

Après avoir esquissé le motif, s'occuper des détails : fleurs diverses, bourgeons, tiges, feuilles. Ce travail pourra s'effectuer au crayon. Il vaut mieux néanmoins le colorer pour avoir une meilleure idée d'ensemble. Choisir les teintes préférées.

On aura souvent avantage à faire plusieurs projets, avec des couleurs différentes, afin de réaliser un ensemble harmonieux.

Ne pas craindre les contrastes ; les fonds sombres exigent des couleurs claires, et réciproquement. Utiliser des couleurs fondamentales et des couleurs composées (ces dernières ne doivent pas servir pour le fond, car lors des retouches indispensables, il serait difficile de trouver la même nuance). Si l'on utilise une demi-teinte pour les fonds, il faut en préparer la quantité nécessaire en une seule fois pour éviter les déconvenues.

Les illustrations des pages 22 et 27 montrent comment on peut, à partir des formes géométriques, créer des motifs de fleurs, que le débutant aura intérêt à reproduire. On peut acquérir ainsi la dextérité voulue. Par la suite, le dessin se fera à main levée car la peinture paysanne est avant tout une peinture spontanée.

En dépit des possibilités multiples qu'elle offre, cette peinture répond néanmoins à quelques règles fondamentales :

La composition doit en être symétrique. Un petit tour de main est nécessaire pour obtenir ce résultat : plier une feuille de papier-calque en 2 et dessiner le motif sur une des moitiés, recouvrir avec la deuxième moitié, décalquer et découper les contours. Une fois déplié, le motif sera symétrique.

La peinture paysanne doit être très « couvrante » (ce mot étant pris ici non dans le sens de « l'épaisseur de la matière » mais dans celui de « l'occupation des surfaces »). Une petite fleur sur une grande armoire ne correspond pas du tout à la somptuosité recherchée. On rajoutera après coup les tiges, les feuilles, la corbeille de vannerie, le vase… jusqu'à ce que l'ensemble de la surface disponible soit recouvert.

DISPOSITION DES MOTIFS

De la bonne composition des divers motifs et bordures dépendra l'effet produit. Aussi il ne faut pas hésiter à consacrer du temps à votre projet, et à sa réalisation graduelle.

Ci-contre et page 44 les principales étapes pour la préparation d'une ébauche.
On peut observer comment le motif s'enrichit petit à petit.

Tracer l'ébauche à grands traits en esquissant divers motifs : un cercle pour une rose, un ovale aplati pour une tulipe... puis tracer le feuillage, le récipient et la bordure.

Les fleurs seront disposées symétriquement dans le récipient.

D'élégantes fleurettes et des tiges apporteront la touche finale à l'ensemble.

la transposition des motifs

Le projet prend corps sous forme d'une première esquisse. Avant de reporter celle-ci sur l'objet à peindre, il est conseillé de faire un essai en grandeur réelle.

Pour agrandir ou réduire une image, on peut se servir d'un pantographe (brièvement décrit page 47). A défaut d'un appareil de ce genre, effectuer l'agrandissement selon la méthode de la mise aux carreaux. Pour cela procéder comme suit :

Tracer une grille sur l'esquisse (1).

Sur un papier blanc de la taille de la surface à décorer, retracer la même grille mais en agrandissant les carreaux (2) autant qu'il est nécessaire (par exemple, 1 cm = 2 ou 5 cm).

Redessiner ensuite le motif carreau par carreau.

Ce nouveau tracé (en vraie grandeur) étant terminé, poser dessus une feuille de papier-calque de dimension suffisante (correspondant au moins à celle de la surface à peindre en grandeur réelle). La maintenir avec du ruban adhésif.

Relever les contours avec un crayon-feutre (voir photo).

Le report du dessin du papier-calque sur l'objet à peindre dépend de la couleur du fond déjà passée.

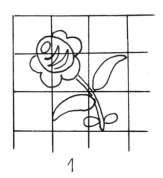

1

2

Si celui-ci est clair, hachurer le verso du papier-calque avec du fusain ou un crayon gras, la feuille étant maintenue à l'aide de ruban adhésif. En repassant les contours avec un crayon pointu, ceux-ci seront reproduits sur la surface à peindre.

Si, par contre, le fond est foncé, placer entre la feuille de papier-calque et l'ouvrage une feuille de carbone blanc ou jaune (1). En repassant le tracé, des contours jaunes ou blancs apparaîtront sur le fond foncé. Le papier-calque et le carbone sont inappropriés à la reproduction des motifs sur le bois non recouvert d'une peinture de base ; en effet, les contours ainsi tracés demeurent visibles en dépit de l'application de plusieurs couches de peinture.

LE PANTOGRAPHE

Avec le pantographe, tout motif, qu'il soit original ou classique, peut être agrandi ou réduit. A une extrémité du pantographe se trouve un crayon avec lequel on suit le contour souhaité et, à l'autre, un deuxième crayon qui agrandit ou réduit le mouvement.

technique à mettre en œuvre

La peinture paysanne s'effectue surtout avec des couleurs à l'eau. Même un débutant peut la maîtriser.

On applique sur peinture encore humide une teinte plus claire ou plus foncée.

Supposons que l'on ait peint une rose en rouge ; sa surface paraît plate. Si, à présent, sur cette couleur rouge, toute fraîche, on trace des contours soit blancs, soit noirs, on obtiendra de beaux effets d'ombres et de lumière.

Cette technique exige une grande rapidité d'exécution. Toutefois le débutant pourra tranquillement s'y risquer. Il aura avantage à peindre une à une toutes les surfaces d'une même couleur. Ainsi, il trempera, par exemple, son pinceau dans le rouge et remplira pour commencer toutes les surfaces prévues en rouge. En mêlant à cette couleur rouge, encore toute fraîche, du blanc et d'autres couleurs, il pourra rompre la monotonie du rouge. Après quoi, il s'attaquera aux autres teintes. Et, pour finir, il ajoutera les détails de fignolage.

On peut rehausser l'effet produit en ajoutant aux motifs des points, tirets et hachures.

Le jeu des ombres et de la lumière caractérise la peinture paysanne.

L'effet d'éclairage s'obtient en traçant des contours clairs sur des fonds foncés. Mélanger sur le pinceau la couleur de base et du blanc. Par traits rapides, tracer les contours voulus sur le fond déjà sec.

Pour obtenir les ombres, procéder de façon inverse :au lieu de blanc, utiliser du brun ou du noir.

Après avoir acquis une certaine expérience, on pourra utiliser 2 couleurs à la fois ; pour cela, on trempera successivement le pinceau

(1) A défaut de papier carbone utiliser de la craie blanche comme on l'a fait avec le fusain ou le crayon gras.

dans 2 couleurs, rouge et noir, par exemple. Comme, au cours de l'application de peinture, les couleurs s'étalent irrégulièrement sur le pinceau, on obtiendra, ce faisant, des ombres.

Pour créer des effets de lumière, utiliser du blanc et du rouge.

Sur l'exemple ci-dessus, on peut observer comment quelques touches de blanc suffisent à donner de la vie à la fleur.

Le motif ci-contre est travaillé de façon beaucoup plus recherchée et s'enrichit progressivement. Les dernières touches de noir donnent beaucoup de relief.

Ne pas s'inquiéter d'un geste maladroit : une fois les couleurs sèches, il sera toujours possible de reprendre l'erreur en ajoutant des détails (étamines, ou autres éléments intéressants).

TOURS DE MAIN

La peinture paysanne se caractérise par sa spontanéité et sa grâce.

Pour exécuter les motifs au mieux, garder la main souple. On aura peut-être intérêt à s'entraîner dans cette voie en effectuant des mouvements d'assouplissement du poignet et en projetant d'amples tracés sur de grandes feuilles.

Ne jamais poser la main qui peint sur la surface à peindre ce qui gênerait une bonne exécution.

Pour le débutant poser la main qui peint sur l'autre. Appuyer le petit doigt de la main qui peint sur la surface à peindre.

Un bâton « appui-main » (voir page 16) facilitera la tâche dans une grande mesure. Tenir l'extrémité du bâton avec la main qui ne peint pas, et poser l'extrémité de la boule garnie d'ouate sur le bord de l'image. La main prendra appui sur le bâton, évitant ainsi tout contact intempestif avec la peinture humide.

Des motifs gracieux, comme les feuilles, les tiges et les vrilles doivent être exécutés à main levée d'une seule venue. Utiliser à cet effet la technique de la virgule (voir page 27).

Se servir d'une règle pour tirer les traits. La poser en biais sur le fond et faire courir le pinceau le long du bord supérieur de la règle.

Pour la peinture des cadres et bordures, il convient de délimiter et de protéger les surfaces avoisinantes avec du papier collant.

Veiller à ce que le pinceau ne soit pas trop imbibé d'eau et de couleur. C'est pourquoi il faut l'essuyer sur un linge sec.

Poser les poils du pinceau sur le chiffon en faisant tourner le manche : ainsi les poils formeront une pointe.

la patine

La patine et le verni donnent l'éclat ancien.

La patine couronne et termine le travail. Selon l'effet que l'on veut obtenir et particulièrement un aspect ancien, une patine bien dosée donne une autre apparence à l'objet : elle adoucit les couleurs et crée une impression d'ensemble harmonieux. C'est donc un complément agréable qu'il est souhaitable d'utiliser à bon escient.

Autrefois, les peintres appliquaient une patine artistique dont la fabrication était tenue secrète. Cette couche supplémentaire protégeait la peinture fraîche. La patine des objets authentiques n'est nullement le résultat de la suie ou de la poussière des décennies.

Actuellement les fabricants de couleurs utilisables pour la peinture paysanne proposent différentes patines toutes préparées qui, suivant le cas, vieillissent l'objet peint ou lui donnent de l'éclat. Ces produits ont aussi l'avantage de protéger les objets peints.

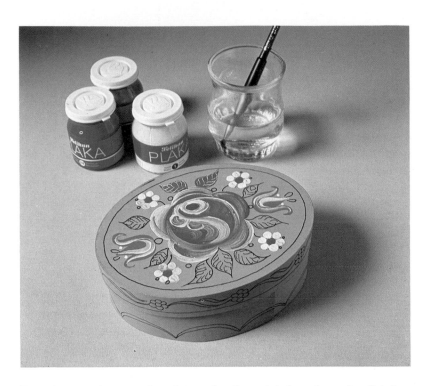

Pour les employer, suivre le mode d'emploi donné par les fabricants. Mais, afin d'éviter toute surprise, il est conseillé de faire des essais sur des échantillons de peinture réalisés sur des chutes de bois. Certaines patines, en effet, si elles adoucissent les couleurs les foncent également. Il faut donc en tenir compte.

Une vieille armoire décorée mais non complètement peinte car on a souhaité conserver apparent le veinage du bois.

Le motif central ressort nettement. Par contre les côtés et l'entourage sont très sobres et de couleurs douces.

On peut aussi « jouer » avec elles : en essuyant plus ou moins la patine, on peut donner plus d'éclat au motif central tandis que l'entourage et les coins prennent des teintes plus ombrées.

Il en va de même avec les vernis qui, plus ou moins frottés, peuvent donner un véritable « effet de miroir ».

Sur l'exemple présenté ci-contre la patine a été presque totalement éliminée sur le motif central, qui ressort en très clair.

A noter que certains de ces produits « vieillissent» un objet en un tournemain ; lorsque l'effet est voulu il est spectaculaire. Mais, dans certains cas, on peut souhaiter garder plus de fraîcheur aux couleurs. C'est pourquoi il est bon de tester ces différents produits.

entretien

Les objets peints, utilisés quotidiennement, présentent à la longue, malgré le grand soin qu'on leur prodigue, des traces de l'usage que l'on en fait. Par conséquent, un bon entretien s'impose.

Toutefois n'en pas faire de trop et se contenter, en général, de dépoussiérer. Utiliser à cet effet un chiffon sec et doux, ou un pinceau.

En cas de tache rebelle, par exemple, essuyer avec un linge humide. Se servir d'eau pure, sans aucune adjonction, et éviter de frotter avec un chiffon ou une éponge car toute action mécanique risque de détériorer la peinture. Tout autre liquide, même s'il est frotté ou tamponné par la suite avec un chiffon sec, pourrait laisser des traces, souvent irrégulières, à la surface (pores, traces de pinceau) ; et comme c'est justement sur ces surfaces humides que la poussière s'accumule le plus facilement, l'objet par la suite se salira d'autant plus vite.

La cire et les produits lustrants font plus de mal que de bien. Le bois peint (contrairement à celui qui ne l'est pas) est bien protégé par la peinture et ne nécessite donc aucune application de cire pour meubles. De plus, celle-ci pourrait se déposer dans les petites cavités et les pores, où s'accumulent déjà la poussière et les matières étrangères. La ménagère se verrait alors contrainte de nettoyer toujours davantage l'objet ainsi traité ; et, à force de frotter, la peinture serait altérée.

Remarque essentielle : moins on touche à la peinture, mieux cela vaudra pour sa bonne conservation.

des réalisations

des réalisations qui sont autant de suggestions

Lorsqu'une certaine habileté est acquise, il devient agréable de chercher, à l'aide du pinceau et des couleurs, à créer des motifs nouveaux et des effets originaux.

Votre inspiration sera grandement enrichie si vous avez l'occasion de visiter les musées locaux. Observez attentivement les objets présentés. Si cela est possible, profitez-en pour vous constituer une documentation illustrée (catalogues ou brochures du musée, ou cartes postales). De retour chez vous, en toute tranquillité, vous pourrez choisir le motif ou l'ouvrage qui vous inspire le plus.

Cette étude sur des éléments authentiques sera un excellent moyen de vous aider à affiner votre technique et vos finitions. L'art pictural paysan deviendra pour vous plus compréhensible.

Un motif classique de roses et de marguerites qui peut s'adapter facilement à diverses décorations.

LES MUSÉES

En France, l'art de la peinture paysanne a été plus ou moins pratiqué suivant les régions. Le mode de décor du bois se répartissait en sculpture ou peinture suivant les essences de bois dont on disposait ; en général les bois durs étaient sculptés et les bois tendres peints.

Néanmoins, rares sont les régions qui n'ont eu quelques belles réalisations en peinture. C'est pourquoi il est bon de visiter tous les petits musées d'art populaire que l'on trouve ici et là et dont il est impossible de donner toute la liste. Il serait bien étonnant de ne pas y dénicher au moins un vieux coffre peint.

Par contre vous êtes assurés de trouver de belles collections dans les villes suivantes :

COLMAR : Musée d'Interlinden ;

NANCY : Musée d'Art Lorrain ;

STRASBOURG : Musée Alsacien.

A noter également, à PARIS, le Musée des Arts et Traditions Populaires qui ne possède que 2 objets en bois peint. Mais dans ce Musée, à des heures et jours déterminés, on peut consulter la bibliothèque, l'iconothèque et les archives qui comportent une extraordinaire documentation sur tous les arts populaires.

Si vous avez l'occasion de voyager en **Allemagne,** ne manquez pas de visiter les musées suivants :

STUTTGART : Württembergisches Landesmuseum

BERLIN : Staatliche Museen, Abteilung Deutsche Volkskunde

BAYREUTH : Museum der Stadt Bayreuth

DORTMUND : Museum für Kunst un Kulturgeschichte der Stadt Dortmund, Scholss Cappenburg
HAMBOURG : Altonaer Museum
KARLSRUHE : Badisches Landesmuseum
MUNICH : Bayerisches Nationalmuseum
NUREMBERG : Germanisches Nationalmuseum

On trouvera également des objets peints intéressants en visitant différents musées de **Suisse** ou de **pays d'Europe Centrale** (se renseigner sur place ;

En attendant, les photos présentées dans ce livre peuvent déjà vous inspirer.

Sur la photo de la page 59, l'**armoire d'angle**, à droite, est un meuble récent peint dans le style ancien. Elle est en bois brut, non traité, et provient d'un magasin spécialisé scandinave. Notez que les motifs de roses du centre se répètent en couleurs atténuées sur les côtés en pans coupés. Cette façon de faire est voulue pour mettre en valeur les motifs centraux des portes.

A côté il s'agit d'une vieille **table de nuit** qui a retrouvé une nouvelle jeunesse grâce à la peinture. Remarquez que les 2 bandes des côtés reprennent, en peinture, les petites moulures qui encadrent le tiroir.

Page 60, cette superbe **vieille armoire** s'insère parfaitement dans un appartement aménagé avec des meubles de style. La décoration du fronton, en haut, est raffinée.

Détail de la porte supérieure de l'armoire d'angle présentée page 59.

Remarquer l'adaptation du même motif avec quelques variantes sur les 2 portes de l'armoire d'angle et sur la porte de la table de nuit.

Le motif de la porte du haut de l'armoire, avec détail de bordure, est donné page 57. Le motif du bas pour les 2 meubles est donné page 15. Ci-contre on trouvera le motif du dessus de la table de nuit.

Cette armoire et ce coffre forment un ensemble grâce à l'adaptation
d'un même motif sur des surfaces différentes.

L'utilisation très importante des motifs de rocailles donnne un style
de décor très recherché et très raffiné.

Remarquer que sur l'armoire les motifs de rocailles sont tournés principalement vers l'intérieur, tandis que sur le coffre ils sont tournés vers l'extérieur. Malgré cette inversion, l'ensemble reste cohérent.

Ci-contre le motif d'une porte de l'armoire, ainsi qu'une partie de celui du fronton.

Ci-dessous, le motif du coffre.

Ci-dessus, il s'agit d'une **armoire sculptée** dont il fallait tirer parti, ce que l'on a fait en soulignant les sculptures par la couleur. Ainsi mises en valeur, elles créent un effet visuel et contribuent à la réussite de l'œuvre. Les motifs de fleurs, sobres afin de rester dans le style, sont répétés sur les côtés de l'armoire.

Page 64, une pièce rare : un **escabeau pour bibliothèque**. Comme il y a peu de surfaces planes pour peindre, la décoration est restée simple : on a simplement souligné de couleur les montants et peint une petite guirlande presque ton sur ton sur le dessus des pièces qui soutiennent les marches.

Ci-contre un détail de la bordure de l'armoire de la page 64, motif qui peut être aisément réutilisé pour d'autres décorations.

Les photos des pages 55, 65 et 67 montrent différentes possibilités de décors réalisables sur des **coffres**, et ce en tenant compte de leur taille et de leurs particularités.

Observer sur le coffre ci-contre la décoration de la bordure et l'emplacement de l'écusson en avant.

Le coffre de la page 65 est une pièce ancienne soigneusement restaurée, et décorée dans des tons ocre et bleus.

Pour le coffre de la page 55, les larges bordures en rocailles mettent en valeur les décorations et les côtés.

Le motif de ce coffre est assez original et d'inspiration plus moderne, car il s'agit de fruits au lieu de fleurs. Néanmoins on retrouve le récipient classique.

L'armoire de la page 65 présente un autre genre de motifs. Le style est rustique.

petits cadeaux

Les petits objets utiles constituent des cadeaux appréciés, non seulement parce qu'ils sont utiles mais surtout parce que vous les avez décorés vous-même avec soin. De ce fait, ils deviennent un cadeau vraiment personnel.

Ce travail est facilement réalisable avec toutes sortes de boîtes en bois toujours utiles pour ranger tout un petit fatras.

Mais on peut aussi décorer et offrir biens d'autres objets : des pots à épices pour la cuisine, un porte-manteau pour la garde-robe, des chandeliers (qui existent en de nombreuses formes), des cache-pot, des sabots, des coquetiers, des moulins à café, des étagères, des assiettes, des plateaux, etc.

Dans ce domaine on peut même abandonner les objets en bois et décorer de vieux objets en fer blanc, tels pot à lait ou cafetière. Pour ce dernier cas, celui qui a la chance de disposer d'une vieille cafetière a par là même la possibilité de décorations nombreuses et originales.

Signalons que la plupart des peintures que nous avons indiquées prennent également sur ce matériau.

Les objets présentés sur les photos ci-contre et page 74 donnent de nombreuses idées de décoration.

Même si l'on ne dispose pas des mêmes objets, ce qui est souvent le cas, il est vraiment facile de transposer les motifs décoratifs sur d'autres supports. C'est pourquoi nous vous donnons ci-après de nombreux dessins de ces motifs.

Ajoutons qu'un cadeau prend plus de valeur s'il est présenté dans un bel emballage. Cela est particulièrement vrai pour les boîtes décorées.

72

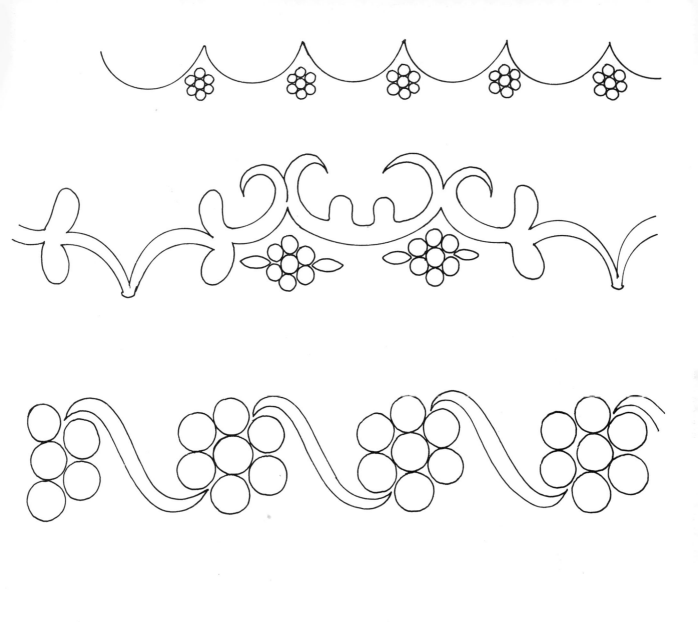

Les assiettes en bois peint du genre de celle présentée ci-dessus ne sont naturellement pas destinées à un usage alimentaire. Suspendues au mur, elles auront un usage purement décoratif.

ameublement complet peint en style paysan

Après avoir vu ce livre et réussi vos premiers essais, avez-vous pris goût à la peinture paysanne ? Si oui, que penseriez-vous d'envisager l'ameublement complet d'une pièce dans le style paysan ? Il ne s'agit pas obligatoirement de peindre vous-même tous les meubles en style rustique, mais de débuter avec quelques objets, et, petit à petit, d'aménager une pièce entière.

Les photos des pages suivantes vous prouvent que la réalisation d'un ensemble de meubles dans ce « style » n'est pas coûteuse. Il suffit de récupérer dans le grenier ou le débarras de grand-mère armoires, coffres, tables, chaises, etc., de se procurer un peu de couleur et d'accompagner le tout d'un grand désir de faire quelque chose de bien. A noter que le meuble le plus banal, le plus ordinaire, sera de cette façon transformé d'une manière quasi-magique.

LA CHAMBRE

Commencez par le plus facile : la chambre à coucher (voir photo ci-contre).

Ces **lits** devraient depuis longtemps être jetés au rebut ou passés au feu.

Préalablement, il faut éliminer avec soin l'affreux brun-noisette d'antan. Puis peindre avec une jolie couleur bleue.

Pour maintenir l'ambiance calme et fraîche de la pièce, renoncez à une peinture par trop luxuriante.

Autrefois, la tête du lit était très simplement décorée. Dans l'exemple proposé, cette habitude a été conservée.

Par contre, la **commode**, pièce centrale, est richement décorée avec des motifs de fleurs des champs.

Avec cet ensemble, il convient de choisir un tapis moucheté, un couvre-lit, des oreillers et des draps en vichy à grands carreaux.

Notez les 2 petits **bandeaux type cantonnière** qui surmontent les fenêtres. Ce sont des petites notes de ce genre qui contribuent à créer l'ambiance.

La photo de la page 80 présente en partie **un autre exemple de mobilier** dans les mêmes tons de base mais avec des décors différents.

Les motifs du lit et de la commode sont donnés pages suivantes .

Les 3 tiroirs de la commode, de hauteur inégale, sont décorés de motifs différents comportant toujours les mêmes fleurs. Il sera facile de les reconstituer à partir du dessin ci-dessus.

LA SALLE DE SEJOUR OU DE TRAVAIL

Pour la salle de séjour (photo page 84), il est préférable de renoncer à utiliser beaucoup de couleurs. Choisir des motifs ton sur ton. Les coussins en tissu à carreaux complètent très bien le décor des chaises.

La **salle de travail** (photo ci-dessous) se distingue par son nombre restreint de meubles. Le plus important est l'ancien dressoir, placé au centre de la pièce. Des coffres, de vieux fauteuils de grand-papa, un tapis rustique complètent l'aménagement.

Il n'est pas nécessaire de posséder une maison comportant une magnifique **porte arrondie** comme celle présentée sur la photo de la page 83 pour décorer une porte.

Des portes tout ordinaires peuvent se prêter à cette transformation et, comme vous le montrent les croquis ci-contre, elles peuvent être décorées avec beaucoup de fantaisie.

Par contre, si, comme sur la photo, vous voulez décorer une lourde porte en chêne, il faut éviter une peinture trop colorée. Des teintes brunes, des bleus feutrés et des rouges accentueront le caractère de cette porte.

Le coffre vert du fond est présenté agrandi sur la photo page 20. Un des motifs est donné page 25.

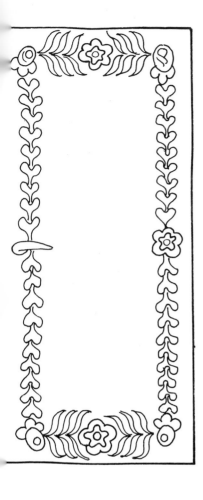

Tout le monde n'a pas la chance d'hériter d'une **vieille pendule** ou de pouvoir s'en offrir une. Dans cette pièce, on a l'impression qu'elle fonctionne depuis l'époque de nos aïeux, fixée au même endroit. Tout a été rafraîchi ; le boîtier et le socle de la pendule ont été entièrement repeints et décorés.

Le plus ordinaire des buffets de cuisine en bois blanc prend du caractère lorsqu'il est ainsi décoré.

Au fond de la pièce, un autre exemple de décor de pendule.

LA CUISINE

Dans les anciennes maisons rurales, elle était le lieu central et le point de rassemblement de la vie familiale. Bien que de nos jours, dans les habitations modernes, il n'en soit pas tout à fait de même, la maîtresse de maison reste sensible au style de la cuisine.

Avant tout, il faut des couleurs vives et fraîches. On peut mettre de la patine sur les portes des meubles. L'ensemble devient alors « appétissant », propre et bien plus intime.

MEUBLES POUR LA TERRASSE ET LE JARDIN

Pourquoi acheter des **meubles de jardin** qui sont généralement sans caractère ? Vous trouverez bien le temps d'en décorer à votre propre goût. A noter qu'en ce cas, et chaque fois que l'on exécute des décors pour l'extérieur, il faut protéger la peinture par une bonne couche de laque qui la met à l'abri du vent et des intempéries.

Les **volets** ne seront pas obligatoirement peints en vert. Décorés en couleurs (comme sur la photo page 88), ils forment un ensemble harmonieux avec les fleurs des jardinières. C'est assez insolite mais si joli ! Avec un tel décor, la plus simple des maisonnettes de week-end prend du caractère.

La **rambarde d'un balcon** peut très bien être décorée dans le style de la poutre présentée sur la photo page 88.

Mais la peinture paysanne permet aussi d'aménager un grenier de façon agréable. Cette photo peut vous inspirer même si vos poutres sont différentes.

Les motifs des volets sont traités dans un caractère très champêtre ; c'est pourquoi on n'y trouve pas la classique rose habituelle.

A noter que la décoration est différente sur l'intérieur et sur l'extérieur.

mobilier de poupées

Pourquoi toujours de grands meubles pour les grandes personnes ?
Les petits meubles peuvent être aussi adorables pour la maman de
poupées.

Il est presque dommage de jouer avec de telles petites œuvres d'art.
Mais quels merveilleux cadeaux pour Noël, une fête marquante ou un
anniversaire !

Pour décorer un mobilier de poupée on achètera des meubles en bois
brut dans certains magasins spécialisés en jouets en bois (on en
trouve de plus en plus). On peut aussi redécorer un mobilier déjà
peint, à moins qu'un papa bricoleur astucieux ne soit capable de le
fabriquer.

Chaque objet se travaille comme une pièce de grande taille. Pour les
motifs, s'inspirer également de ceux des vrais meubles mais en les
simplifiant. Pour peindre, utiliser un pinceau fin.

Afin que la décoration se maintienne en bon état le plus longtemps
possible, appliquer à la fin une couche de vernis mat.

La literie, les nappes, les tapis, les rideaux sont réalisés avec des
restes de tissus. Utiliser des plaques de mousse synthétique pour
faire les éléments du lit.

Pour mettre les meubles en situation on peut fabriquer des murs et le
sol avec des planches de bois mince ou du contre-plaqué. Les
peindre en blanc. Naturellement ces murs seront percés de fenêtres.

A l'extérieur, ne pas oublier les volets qui seront peints également.

table des matières

Edition originale parue en République Fédérale Allemande sous le titre « BAUERNMALEREI leicht gemacht »

© by Falken-Verlag. Niedernhausen/TS

Achevé d'imprimer en Novembre 1993 - Réalisation Partenaires
Dépôt légal : octobre 1980
ISBN : 2.215.00322.7 pour la 1ère édition
ISSN : 0398.7841
11e édition - ISBN : 2.215.01775

EDITIONS
FLEURUS